Stadt, Name, Land. Gedichte

Philipp Kampa

Stadt, Name, Land. Gedichte

Ludwig

Bibliografische Information der Deutschen Nationalbibliothek

Die Deutsche Nationalbibliothek verzeichnet diese Publikation in der Deutschen Nationalbibliografie; detaillierte bibliografische Daten sind im Internet über https://portal.dnb.de abrufbar.

2024 Verlag Ludwig
Holtenauer Straße 141
24118 Kiel
Tel.: 0431-85464
Fax: 0431-8058305
info@verlag-ludwig.de
www.verlag-ludwig.de

Gestaltung und Satz: Inge Schumacher

Gesamtauflage: 209 Exemplare (209 ist ohne Rest durch 11 teilbar).

Gedruckt auf säurefreiem und alterungsbeständigem Papier
Printed in Germany

ISBN 978-3-86935-444-6

Die Arbeit an Vorstufen zu diesem Band wurde im Jahr 2014 gefördert durch ein Thüringer Autorenarbeitsstipendium, gegeben vom Thüringer Ministerium für Bildung, Wissenschaft und Kultur.

Philipp Kampa, geboren 1987 in Zwenkau, lebt in Halle (Saale). Veröffentlichungen in Anthologien und Literaturzeitschriften (unter anderem *Edit, Ort der Augen, Idiome, Lichtungen, Am Erker* und *Die Rampe*).

Inhalt

Auf Regenrinnen rinnt Regen

Auf Regenrinnen rinnt Regen.
Straßenbahnen fahren auf Straßen ihre Bahn.
Ortsumgehungen umgehen Orte.
Ich bin mir gleich:
In dem Schatten,
den ein Baum auf den Schotterweg wirft,
gleich vor mir.

Auf Regenrinnen rinnt Regen

Das Wort *Regenrinnen* besteht aus 11 Buchstaben.

Ob eine Zahl ohne Rest durch 11 teilbar ist, lässt sich durch Ermittlung der Wechselsumme feststellen.

Das Gedicht *Auf Regenrinnen rinnt Regen* hat (den Titel mitgerechnet) 183 Buchstaben.

183 ist nicht durch 11 teilbar.

Die Wechselsumme, also in diesem Fall 1 mit 3 addiert und dazu 8 genommen, ergibt 12.

12 ist kein Vielfaches von 11, somit lässt sich 183 nicht durch 11 teilen.

Zieht man von 183 die Anzahl der Gedichtzeilen, mithin 6, ab, so ergibt sich auch keine durch 11 teilbare Zahl (bitte prüfen Sie andere Kombinationsmöglichkeiten – etwa die Wortzahl der zweiten Zeile von oben, als Subtrahend verwendet – selbständig am Gedicht).

Ein abgelegener Bahnübergang

Ein abgelegener Bahnübergang:
Ein in die Landschaft auslaufendes Gleis,
Baumreihen, an denen sich der Blick verhebt.
Ein Radfahrer hält an der geschlossenen Schranke,
das eine Bein auf dem Pedal, das andere als Stütze auf dem Asphalt.
Mich stützt das Flirren des Windes.

Ein abgelegener Bahnübergang

Der Bahnhof Lyon-Part-Dieu wurde im Jahr 1983 (1983 ist übrigens nicht ohne Rest durch 11 teilbar) eröffnet.

Der Bahnhof verfügt über insgesamt 11 Gleise.

Mit dem Zug braucht man von Lyon nach Frankfurt zurzeit genau 6 Stunden.

Von Frankfurt ging es über Weimar nach Jena zurück.

Auf der Fahrt immer wieder abgelegene Bahnübergänge, in die Landschaft gesetzt, fern der Strecke – andere Schienen, andere Wege.

Flirrend der Blick zwischen Hier und Zug.

Aufschichtungen des Tages

Aufschichtungen des Tages:

Gedunsene Wolken,

ein Zug in der Ferne (nur zwei Wagen, flackernd-
metallisch in der Sonne),

ein Radfahrer, der gerade von einem Bus
überholt wird,

bewogtes Gestrüpp, schattenübergangen,

nur die Kreise, die Kreise,

die meine Blicke ziehen,

lassen sich nicht aufschichten,

bleiben einzeln.

Aufschichtungen des Tages

Wenn man vom Gedicht *Aufschichtungen des Tages* jeweils das 11. Wort (den Titel mitgezählt) auswählt, ergibt sich folgende Reihe:

in ein schattenübergangen sich

Ergänzt man dies um (den Titel mitgezählt) das 9. Wort, also um die entsprechende Zeilenzahl, so lässt sich folgender Satz aufschichten:

In der ein Sonne schattenübergangen wird sich die einzeln

Umschichtungen des Tages dann:

In der Sonne,

einzeln, wird ein Blick, schattenübergangen,

meinen Kreis ziehen,

wird sich überholen.

Überladene Wolken, dieser Tag

Überladene Wolken, dieser Tag.

Auf dem Fliegengitter: Ein Käfer, zäh-sitzend,
sitzend-zäh.

Auch das langgezogene Wolkengewirr in der
Ferne: Beharrlich-beharrlich.

Flirrend nur, wie stets: Mein Blick.

Überladene Wolken, dieser Tag

Fliegengitter werden häufig aus Glasfaser hergestellt.

Der Elastizitätsmodul von Glasfaser ist vergleichsweise beträchtlich.

Der Elastizitätsmodul wird auch Zugmodul genannt.

Mit dem Zug nach Marseille gefahren: Tagesausflug, Mitbringsel, Seife aus Marseille, noch heute sehe ich den Würfel vor mir, noch heute überwirft, überholt sich mein Blick am Olivengeruch.

Umrandungen

Umrandungen:

Diese Böschung, das Waldstück einkreisend.

Die Felder, an der Landstraße entlanggestaffelt,

und der Motoroller, an dem umgestürzten Baum
vorbeifahrend (weiter Bogen, ausholend) –

Und ich?

Ich umrande mich mit meinem Schauen.

Umrandungen

Bei bindigem Boden darf der Böschungswinkel nicht mehr als 60 Grad betragen.

60 ist nicht (ohne Rest) durch 11 teilbar.

Um dies zu überprüfen, braucht man keine Wechselsumme zu bilden, das lässt sich leicht im Kopf berechnen.

Bindiger Boden enthält zum Beispiel Ton.

Der Fachbegriff für Landstraße: Außerortsstraße.

Mitorts: Meine Schritte als Umrandung, als Vielfaches des Tages.

Ein Mann auf einer Hebebühne

Ein Mann auf einer Hebebühne (eine
Metallplatte, aus dem LKW geklappt),
langsam herunterfahrend,
neben ihm: drei Kartons, übereinandergestapelt.
Als die Platte (die Furt?) auf den Boden aufsetzt,
und einer der Kartons beinah fällt,
entrückt sich der Blick,
gerät auch mein Schauen ins Wanken.

Ein Mann auf einer Hebebühne

Nach einem ähnlichen Prinzip wie Hebebühnen funktionieren Turmwagen.

Mit ihnen kann man an den Oberleitungen von Bussen arbeiten.

Der *Trolleybus de Lyon* hat insgesamt 6 Linien.

Oberleitungsbusse wurden früher *gleislose Bahn* genannt.

In der von Röll herausgegebenen *Enzyklopädie des Eisenbahnwesens* (5. Band, Berlin und Wien, 1914) ist auf den Seiten 338 bis 340 ein Artikel zum Thema *Gleislose Bahnen* abgedruckt.

Auf diesen Eintrag folgt der Artikel mit dem Stichwort *Gleismelder.*

Ich melde: Auf Seite 340 wird auf eine gleislose Bahn in Marseille verwiesen – an Marseille ansetzen, sich im Schauen enthalten.

Scharten von Wolkendunst

Scharten von Wolkendunst, sonst,
davon abgesehen:

Diese Landschaft: zwei Streifen.

Im Grün: eine gewundene Straße,

auf beiden Seiten von einer Baumreihe gesäumt,
dicht umstanden,

Hier und da – wie es sagen? – Halteplätze,

Buchten, abschüssiges Gelände.

Auf einer der schottrigen Auslassungen:

ein Auto, dessen Beifahrertür sich gerade öffnet.

Ich steige kurz aus, um mir beim
In-die-Landschaft-Blicken zuzuschauen.

Scharten von Wolkendunst

Rölls *Enzyklopädie des Eisenbahnwesens* erstreckt sich im fünften Band (Berlin und Wien, 1914) vom Stichwort *Fahrpersonal* bis zum Eintrag *Gütertarife.*

Der zweite Artikel nach *Fahrpersonal* (dieser Eintrag umfasst nur zehn Zeilen) ist dem *Fahrplan* gewidmet (Seite 1–19).

Hier eine Auswahl an Wörtern aus *Scharten von Wolkendunst,* die im Artikel *Fahrplan* enthalten sind:

Diese (auf S. 7),

einer (unter anderem auf S. 11),

sonst (unter anderem auf S. 5)

da (auf S. 17).

Ich ist nicht (ich bin nicht) im *Fahrplan* enthalten.

Ein Pfad

Ein Pfad, dicht umstrüppt, kaum gegangen, rau:

Auch diesen Weg ließ ich liegen,

denn mein waren die Furchen, die der Wind ins Gewölk gezogen hatte:

Gewege, Geleuchte nur für mich, für mein Schauen.

Ein Pfad

Folgen Sie bitte diesem Pfad im Artikel *Fahrplan* in Rölls *Enzyklopädie* (5. Band, Berlin und Wien, 1914), folgen Sie bitte diesem Wortweg:

Das vierte und fünfte Wort auf Seite 1 in der zweiten Spalte in der ersten Zeile von oben.

Das fünfte Wort, auf Seite 1 in der ersten Spalte in der siebenten Zeile von unten gezählt, ergänzt um das dritte und vierte Wort auf derselben Seite in der zweiten Spalte, ebenfalls in der siebten Zeile von unten.

In der zweiunddreißigsten Zeile auf Seite 6 in der zweiten Spalte das sechste Wort, gefolgt vom dritten und vierten Wort in der elften Zeile von unten auf der zweiten Seite, in der ersten Spalte, dann das zweite Wort in der neunten Zeile von oben in der zweiten Spalte auf der siebenten Seite (die Abbildung darüber trägt Zahlen, deren Summe nicht ohne Rest durch 11 teilbar ist).

In Übereinstimmung mit

In Übereinstimmung mit:
Den Wolken, die über die Hügel ziehen,
mit dem Regen, der in Schwaden heruntergeht,
und: in Übereinstimmung mit mir,
gelingt das Wort.

In Übereinstimmung mit

Übereinstimmung: S. XXXI (14. Wort von rechts gezählt, das Wort »Abfertigungs-Befugnisse« begreife ich als ein Wort, sollten Sie die Bestandteile lieber einzeln zählen wollen, so ist es das 15. Wort) von Loehrs *Neuester Vereins-Zoll-Tarif* vom 1. Juli 1865 ..., 25 Wörter danach (die Zahlen mitgerechnet), das Wort: Gebiet.

Wolken: S. 522 (3. Zeile, 7. Wort von links gezählt) *Beschreibung der Stadt Rom* von Platner u.a. (1. Band, Stuttgart und Tübingen, 1829), 11 Wörter davor, das Wort: Kuppeln.

Hügel: S. 46 (12. Zeile von unten gerechnet, erstes Wort von rechts) *Beschreibung der Stadt Rom* von Platner u.a. (3. Band, Stuttgart und Tübingen, 1837). Zwei Wörter davor: Abhang.

Regen: S. 93 (Zeile 3, von unten gezählt, 2. Wort von rechts) im vorgenannten Werk (bei Loehr findet sich das Wort »Regen« stets in Verbindung mit Sonnenschirm), 24 Wörter davor, das Wort: Gegenden.

Wieder Übereinstimmung: Bei Platner u.a., *Beschreibung der Stadt Rom*, 23. Band: S. 688, 8. Zeile von oben (Leerzeilen nicht mitgerechnet), das fünfte Wort von vorn, von vorn. Gelingen: In Übereinstimmung die Wörter setzen: Das Gebiet, die Kuppeln, der Abhang, Gegenden, wie sie gelingen, mit jedem Wort, von vorn.

Der Lieferwagen

Der Lieferwagen: Aufgeschrägt, auf einer Schräge haltend.

Nur unweit entfernt, entfernt unweit: ein Hügel,

von einer (flattrigen, welligen) Plane überspannt,

Autoreifen als Halt, als Stütze aufgeworfen.

Mit dem kaum abgeernteten Teil des Maisfelds, ein paar Schritte weg,

brachte ich mir diesen Tag dann aber wieder ins Gleichgewicht.

Der Lieferwagen

Schräge, verschrägt, geschrägt, schrägend,
überschrägend, geschragt, unterschrägen, schrägig,
schräg, schrägwärts, entschrägen, genügen?

Hügel, verhügelt, hügelig, gehügelt, enthügeln,
verhügeln (verhageln?), überhügeln, aufhügeln,
beihügeln, weitverzweigt?

Plane, plan, Silageplane, LKW-Plane, verplanen,
überplanen, anplanen, entplanen, fürplanen, geahnt?

Halt, Endhaltestelle (An der Bürgerruhe), Haltepunkt,
Haltmachen, behalten, verhalten, Vorbehalt,
Behelfshalt, enthalten, gehalten, Überhalt, Mithalt,
Weiterhalt, Loshalt.

Teil, verteilt, teilbar (durch 11, ohne Rest?),
zerteilen, aufteilen, Vorteil, Mittelteil, Randteil,
geteilt (durch 11), überteilen, mitteilen, unterteilen,
anteilen, verteilen, enteilen?

Tagen, enttagen, untertage, übertage (übertragen?),
tagig, täglich, vertagen, auftagen, auftakten, antagen,
Liefertag, Tageswagen – Tagesschräge, Hügeltag,
tagplan, Tagteil, tagtäglich das Wort.

Sengender Tag

Sengender Tag, umhalten, gehalten
vom Flimmern der Feldwege,

auf denen ich lief.

Der Blick zurück;

auf Ebenen dahin,

ich seh' mich eingehen, in diese Landschaft,

entziehe mich mir (weiter so).

Sengender Tag

Flimmernder Tag, enthalten im Sengen der Feldwege,
denen ich mich entzog.
Die Ebenen laufen, laufen dahin;
Blicke gehen ein, weiter so,
die Landschaft sieht mich,
wie ich mich enthalte, vom Flimmern der Feldwege.

Baumansammlungen

Baumansammlungen, schwälendes Laub,
Geregne zwischen Zweigen, die beinah stillstehen.
In den Senken des Tages versickert die Landschaft,
geht auf in den Falten,
die der Hügel, fern und weit, schlägt,
gibt es noch mehr zu sagen?
Für heute.

Baumansammlungen

Linden, Pappeln, Birn, Weiden.
Wollemie, Dammarabaum,
Blicke ins Geäst,
im Schimmern der Zweige,
Reste vom Geregne.
Baumschatten, faserig, als Überwurf.
Das muss für heute reichen.

Mir ist nach

Mir ist nach:

Den dichten Waldungen, vom Wind aufgerieben.

Dem Kleinwagen an der Landstraße (in einer
Parkbuchte – einer Halte? – abgestellt).

Ist mir auch:

Nach dem Kreisen der Wolken,

und dem Trafohaus, von dessen Dach eine Planke
(abgelegt, vergessen) hervorschaut?

Auch danach ist mir:

Mich überholen, im Nach-mir-Sein.

Mir ist nach

Das erste Wort nach mir ist ist.
Das zweite Wort nach mir ist nach.
Das dritte Wort nach mir ist den.
Das vierte Wort nach mir ist dichten.
Das fünfte Wort nach mir ist Waldungen.
Das sechste Wort nach mir ist vom.
Das siebte Wort nach mir ist Wind.
Das achte Wort nach mir ist aufgerieben.

In den Senken dieser Landschaft

In den Senken dieser Landschaft:

Zerflatterte Büsche, darin:

Verheddertes Geleuchte und ein rissiger Autoreifen,

an ihn reicht der Tag nicht heran,

an sich schon, an mich schon.

In den Senken dieser Landschaft

In den Senken zerflattert die Landschaft,
Geleuchte reißt,
Büsche reißen,
in den Autoreifen,
in denen sich der Tag verheddert,
reiche ich an mich heran.

Durch die Landschaft streichen

Durch die Landschaft streichen,

Weggabelungen, Schimmer der Stadt, nicht weit,
weit nicht.

Dahergehender Dunst, über den Feldern.

Hier und da: Verschränkungen.

Wolkenfetzen, die ins Stadtleuchten
hereinreichen.

Die Lichtschatten einer hell angestrahlten Fabrik,
die auf eine Brache fallen.

Auf einem langsam vorbeifahrenden Bus
überstürzt sich die Landschaft.

Durch die Landschaft streichen

Durch den Dunst fährt der Bus, langsam.

Weggabelungen und Felder, die sich im Blick
überstürzen.

Dahergehender Schimmer, der weit, weit fällt.

Hier eine Brache, verschränkt in den Ausläufern
dieses Tages.

Wolkenfetzen, durch die Landschaft streichend.

Die Fabrik, gewälzt in Lichtschatten.

Auf das Stadtleuchten reicht es hell.

Die Lichter der Tankstelle

Die Lichter der Tankstelle:

Wie geschachtelt, vor dem Girren der Dämmerung.

Auch das Schwanken eines Wohnanhängers im Fahrtwind:

hielt dieser Tag (mir) vor.

Die Lichter der Tankstelle

Eine Tankstelle hat Lichter.
Die Dämmerung girrt.
Der Wohnanhänger schwankt.
Der Tag hält vor.

Ein Tennisball

Ein Tennisball,

aus einem offenstehenden Tor auf den
Fußweg rollend:

Ich halte ihn an und rolle ihn zurück
(wie diesen Tag).

Ein Tennisball

Laut *International Tennis Federation* darf ein
Tennisball nicht höher als 147 Zentimeter springen.

147 ist nicht ohne Rest durch 11 teilbar.

Setzt man zwischen 14 und 7 ein Komma, so
erhält man die ungefähre Höhe dieses Gedichts
(schräggestellt, auf dem Bildschirm, wie es sich
im gedruckten Buch verhält, müssen bitte Sie
nachprüfen).

Gewoge des Grases auf der Anhöhe

Gewoge des Grases auf der Anhöhe.

Darüber: Grau gesprenkelter Wolkenschieb.

Halt ein, Einhalt, mit dem Licht, das sich in den vereinzelt stehenden Bäumen dreht.

Wie aber verfahren mit dem Feldweg, der schnurgerade geht,

mit dem verrenkten Hügel und mit dem Bretterhaufen am Rand dieser Landschaft?

Und wie (weiter) mit den anderen Anmaßungen des Tages?

Gewoge des Grases auf der Anhöhe

Maß des Tages: Das Gewoge von Bäumen,
Wolkengeschiebe (ohne Einhalt),
Feldwege (gewunden),
Hügel (der Landschaft einen Rand gebend)
Anmaßungen (das Licht verrenkend)
Halte (in den Zeilen, wo sonst?)

Wie gewollt

Wie gewollt: Baumverzweigungen, Knicke in der Landschaft.

Wie verhegt: Der schief stehende Bretterzaun, einzeln.

Wie enthoben: Ränder der Landschaft,

Ausläufer der Stadt: Fabrikhallen, Autowerkstätten, Parkplätze.

Wie ich: Leichte Wolken, flirrend im Wind.

Wie gewollt

Wie das Gewoge von Bäumen: Das Maß des Tages.

Wie Wolkengeschiebe (ohne Einhalt): Das Maß des
Tages.

Wie Feldwege (gewunden): Das Maß des Tages.

Wie Hügel (der Landschaft einen Rand gebend):
Das Maß des Tages.

Wie sonst: Die Anmaßung des Tages.

Diese Landschaft gerät ins Straucheln

Diese Landschaft gerät ins Straucheln,

vor meinem Blick:

Dünnes zitterndes Geäst,

taumelndes hohes Gras,

flackernde Werbetafeln an einem
Einkaufszentrum, nahebei, beinahe.

Beharrend nur: An den Rändern aufgeraute
Wolkenfelder.

Und ich, auf meinem Weg.

Diese Landschaft gerät ins Straucheln

Landstraucheln.
Blickstraucheln.
Geäststraucheln.
Grasstraucheln.
Beinahestraucheln.
Randstraucheln.
Wegstraucheln.

An dem Staub

An dem Staub, den das Ackerfahrzeug
aufwirbelte (geschichtete Verwehungen),

an dem rissigen Asphalt (bröcklige Kuhlen),

an dem eingeknickten Straßenschild (gebogene
Metallscheibe, winklige Stange),

auch: an dem von Betonwänden umschlossenen
Reifenhaufen (festgefügte Stapel).

Nur an den Wolken überhob ich mich nicht,
mit meinem Schauen.

An dem Staub

Staub verweht geschichtet,
Asphalt bröckelt in Kuhlen,
ein Straßenschild winkelt sich scheibig,
Stapel fügen sich gereift,
mein Schauen überhebt sich an mir.

Tankstelle an Tankstelle

Tankstelle an Tankstelle,

die Anzeigetafeln (Bestimmungen des Tages?)
jeweils ausgefallen.

Ein Einkaufswagen, vereinzelt, im
Einkaufswagenhaus (Abstellplatz, überdacht) vor
dem Baumarkt.

Landmaschinen, aufgereiht, feil, dar, da.

Wie die Landschaft in einer Autobrücke,

und – nur von dünnen Wegen unterbrochen –

in dörrigen Rapsfeldern Ausflucht sucht.

Tankstelle an Tankstelle

Einkaufswagen an Abstellplätzen.
Landmaschinen an Wegen.
Anzeigetafeln an Rapsfeldern.
Autobrücken an Baumärkten.
Einkaufswagenhäuser an Landschaften.
Nur der Tag bestimmt sich dazwischen, zwischen:
Vereinzelt und aufgereiht.

Ziehende Trübnis der Wolken

Ziehende Trübnis der Wolken,
durchschimmerndes Azur,
und ausweitendes Gewoge in den Feldern,
durchhängende Stromleitungen,
ein mit Schriftzügen übersäter Windradsockel,
mit dem Rotorblatt, das sich rasch dreht, bin ich,
bin ich fürs Durchschreiten.

Ziehende Trübnis der Wolken

Wien 1977:

Einhundertsiebenundzwanzig Tage mit trübem Wetter.

Dreiunddreißig Tage Heiterkeit.

Eintausendsechshundertdreiundsiebzigkommaneun Sonnenstunden.

Das Bewölkungsmittel nur im Januar und Dezember im Bereich *trüb*.

An zweiundzwanzig Tagen Gewitter.

In den Zahlen das Jahr durchschreiten.

Die Anfahrt des Linienbusses

Die Anfahrt des Linienbusses: ruckend, stockend,
schaukelnd, irgendwiewörter,
dann flattriges Irgendwieweiter (böiger Wind),
das Flattern setzte sich in meinem Schauen fort:
Bretterbuden, vor denen Baumstümpfe lagen,
verstreute Wolken, Wolken verstreut,
Gestrüpphalden als Herbnisse dieser Landschaft.
Das Gedröhn eines Flugzeugs brachte mich dann
wieder auf Kurs
(Tagwerk verrichten, weiterziehendes Schauen).

Die Anfahrt des Linienbusses

Wien 1977:

Einundvierzig Linien.

Zweihundertsiebenunddreißigkommazweisechs
Kilometer Fahrstrecke.

Eintausendachtunddreißig Haltestellen.

Siebenundvierzigtausendzweihunderteinundsiebzig
Sitzplätze.

Siebenundsiebzigmillionenachthundert-
fünfundneunzigtausendeinhundertdreiundsiebzig
Personen befördert.

Dreiundzwanzigtausendsechshundertdreißig
gelandete Flugzeuge.

(Kurshalten, mit dem, was war, was ist?)

Kantige Furchen

Kantige Furchen, von Landmaschinen gezogen.
Wolken, tiefhängend, auf den Bäumen lastend.
Anwürfe des Windes, der drängend geht.
Zwischen den Hügeln aber ist Platz, für einen Fernbus,
der soeben von einem Kleinwagen überholt wird,
im Blick überholt sich (schimmernd) die Landschaft,
verschiebt sich der Tag.

Kantige Furchen

Kantige Furchen, gesteckte Plätze,

Wien 1977:

Achtundneunzig Tennisanlagen,

mit insgesamt dreitausendsiebenhundertachtundvierzig Ar Fläche,

einunddreißigtausendeinhundertvier Besucher bei vierundzwanzig Tennisveranstaltungen,

zehntausendachthundertachtzehn Sportler im Wiener Tennisverband.

In den Furchen gerinnt der Tag, auf den gesteckten Plätzen das Jahr.

Von der Linie

Von der Linie, die diese Landschaft zieht,
von den gescharteten Feldern, dicht an der Straße,
von dem Hinweisschild zwischen Geäst (»Altbergbaugebiet«),
von den Biegungen des Fußwegs (Bretterbuden ausweichend),
auch von den Wolken, die aufschwärmen,
lässt sich zehren.

Von der Linie

Glatte Kurven, gerichtete Kurven
(geschichtete Kurven?)

Die Linie dieses Tages:

Eine Fabrik zwischen Ästen (Schnitte),
gerahmte Landschaft,

Strecken, Wege:

Achtmillionensechshundertsiebenundsiebzig-
tausendsechshundertfünfundachtzig Meter
Gehsteige (Wien, 1977).

Von hier nach da gehen, mit dem Wort, das die
Landschaft lässt.

Ein Kleinwagen, der einen Hügel hinauffährt

Ein Kleinwagen, der einen Hügel hinauffährt.

Gleich ihm (ihm gleich) zwängt sich ein
Spaziergänger in diese Landschaft.

Über der schmalen Holzbrücke: Zerwühltes
Grau.

Das Gedröhn des Windes – wie es mich umgeht
(angeht?).

An der Rückseite der Bank, auf der ich sitze:
Mein Fahrrad.

Unweit davon: Eine weitläufige, zerfurchte
Brache.

Den Furchen folge ich (wie gewohnt,
wie gehabt).

Ein Kleinwagen, der einen Hügel hinauffährt

Ich bin hinaufgefahren, einen Hügel, mit einem
Kleinwagen.

Ich habe mich gezwängt, in eine Landschaft,
als Spaziergänger.

Ich habe zerwühlt, das Grau über der Brücke,
mit dem Blick.

Ich habe mich umgangen, mit dem Gedröhn
des Windes.

Ich bin Fahrrad gefahren, zu einer Bank.

Ich habe zerfurcht, eine Brache, mit meinem
Schauen.

Ich bin mir gefolgt, und sonst niemandem.

Ich umgehe mich

Ich umgehe mich,

im Einvernehmen mit diesem Tag.

Ich meide mich,

indem ich nicht weiter auf dem Schotter laufe,
der unter meinen Füßen knirscht,

und: indem ich nicht mit einer Hand an den
Streben eines Zauns entlangfahre.

Als ich vor mir einen Papierflieger liegen sehe,

kann ich allerdings nicht anders:

ich hebe ihn auf, und werfe ihn in die Luft,

bin wieder bei mir in den Dingen (gegen diesen
Tag).

Ich umgehe mich

Dieser Tag umgeht mich.

Dieser Tag nimmt mich ein.

Dieser Tag meidet mich.

Der Schotter knirscht, als ich laufe.

Und die Streben eines Zauns, als ich an ihnen
mit der Hand entlangfahre?

Der Papierflieger liegt, als ich ihn sehe.

Der Papierflieger fliegt, als ich ihn werfe.

Die Dinge überwerfen sich an diesem Tag.

Ich bin für diesen Tag.

Bauarbeiter, die Betonplatten aufsetzen

Bauarbeiter, die Betonplatten aufsetzen.

Als eine der Platten, an einer Metallkette hängend,

gefügt (eingepasst, herabgelassen?) werden soll,

sage (auch) ich (leise, wie zu mir),

sobald die Platte an der richtigen Stelle hängt: Halt.

Tagwerk verrichten (Halte finden).

Bauarbeiter, die Betonplatten aufsetzen

Aufsetzen: Auf den Weg, der sich durch die Landschaft windet.

Hängen: In den Stunden, zwischen Formen.

Fügen: Was der Tag einpasst.

Sagen: Wohin die Betonplatte gehört.

Halten: Auf der Bank, die dort steht.

Finden: Was es zu verrichten, was es zu berichten gilt.

Auf der Baumumzäunung

Auf der Baumumzäunung (dem Baumgestell?
der Umhegung? der Umgehung?)

Eine Jacke, in der Sonne schimmernd.

Der eine Ärmel an einen der hellen,

rissigen Balken (splittriges Holz) geschmiegt,

der andere: nicht zu sehen.

Das Scheuern (Rascheln?) der Jacke am Holz,

dazu das Flackern des Baumes (dichtes Blattwerk)
in der Sonne.

Ich richte mich ein,

in den Windungen des Tages.

Auf der Baumumzäunung

Der Tag gewunden,
er richtet sich ein,
im Scheuern des Baumes,
im Reißen der Sonne,
im Schimmern des Blattwerks,
im Flackern der Umhegung,
und in der Jacke,
die ich auf die Baumumzäunung hing,
um den Tag zu umgehen.

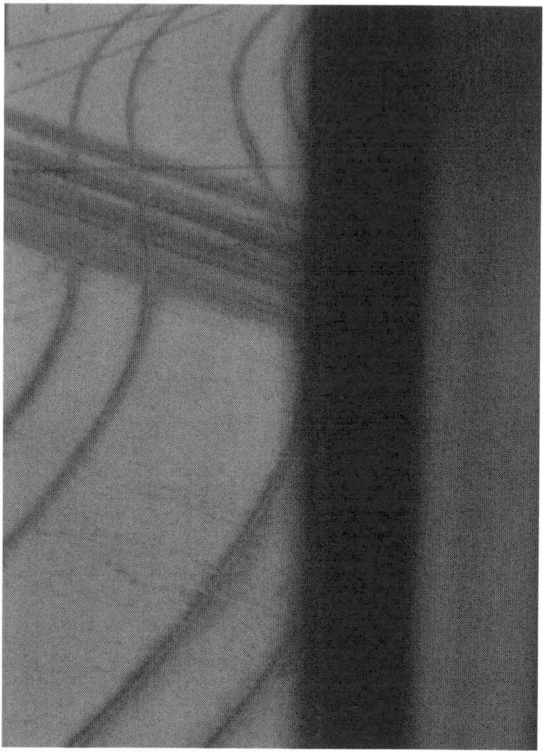

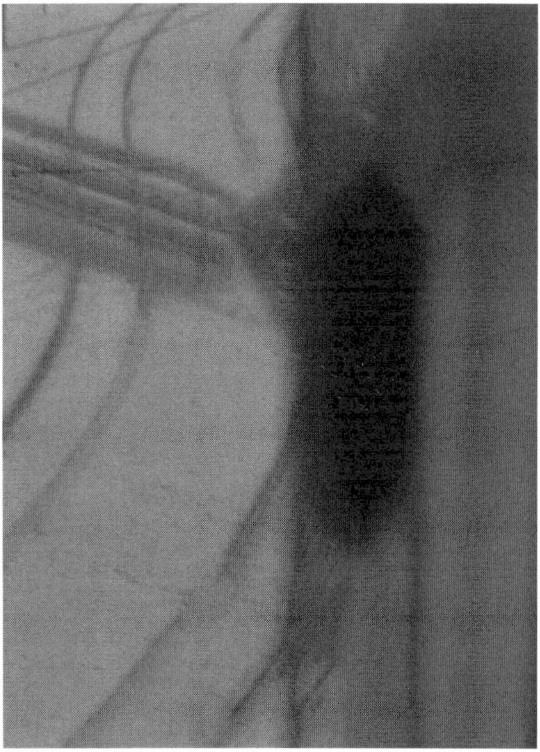

Durch das Metallgitter

Durch das Metallgitter: Der Geruch der U-Bahn.

In der Nähe: Weggeworfene Weihnachtsbäume, verzweigt.

Dazwischen: Ein Motorrad mit Regenplane.

Vom Tag zehren: Dem Herunterrinnen des Regens in den Falten,

die die Plane schlägt (für einen Moment zumindest), nachgehen.

Durch das Metallgitter

Mit der Linie C nach Croix-Rousse (Lyon)
hochgefahren.

Métro sur pneumatiques, bereifte U-Bahn, wie in
Marseille, habe ich gelesen.

Durch die Wörter: Der Blick über die Stadt.

Auf den Hügeln sehe ich mich,

wie ich mich sehe.

Ausdehnungen der Wolken

Ausdehnungen der Wolken,
schwer und rau geht der Tag.
Aber: Zittrige Balkonverkleidungen (Tücher),
ein wackliger Schirm,
schwelgerisch
ansetzen am Flirren,
in das die Antennen auf einem Hausdach
im Wind geraten.

Ausdehnungen der Wolken

Ansätze des Tages: Wolken, ausgedehnt.

Balkonverkleidungen, zitternd im leicht
gehenden Wind.

Ein Schirm,

Schwelgen,

Flirren,

Geraten, in den Ansatz des Tages.

Ich hielt mich auf

Ich hielt mich auf:

An gestapelten,

mit Plastikstreifen festgezurrten Pflastersteinen.

An den Kabelbindern,

mit denen die Absperrzäune (dünnes, graues Gerüst) zusammengehalten wurden.

An der Schaufel, die in einem Kieselhaufen steckte.

Auch an dem Gruß, den der Straßenbahnfahrer an einen anderen,

ihm entgegenkommenden Fahrer richtete (drei Finger kurz, leicht, kurzleicht, gehoben),

hielt ich mich auf.

Ich hielt mich auf

Aufenthalt auf dem Hauptbahnhof von Köln:
Graues Gebrist in den Fenstern.

Aufenthalt im Hafen von Marseille: Das Blau des
Himmels lässt die Häuser flimmern.

Aufenthalt am Puy de Pariou: Schnee in den Senken
(der Blick rollt).

Aufenthalt in Valle de Sóller: Die Welt eine Orange
(eine Zitrone, ein Tennisball, der höher als 147
Zentimeter springen kann).

Aufenthalt unterhalb des Constitution Hill, an einem
Geländer: Grauer Strand, aufgerautes Meer.

Aufenthalt auf Edinburgh Castle: Der Tag – die
Biegung der Landschaft in die Ferne.

Aufenthalt in einem Park in Croix-Rousse: Auf dem
Foto die Zaunschatten als Blickweg.

Aufenthalt an der Tyne in Newcastle: Der Bogen
überm Wasser – Kippbrücke.

In dem, was war und ist, kippt der Blick.

Des Kleinwagens

Des Kleinwagens, der zwischen den Bäumen
hindurchschimmert (rasche Fahrt, ruhige Wege).

Des Astes, der abknickt und dann fällt
(krachend).

Auch des Wolkenbands, das von Rotorblättern
durchfahren wird,

enthalte ich mich,

nur die Lichtanhäufungen (Orte, aufdämmernd)
in der Ferne,

gehen mich an.

Des Kleinwagens

Der Kleinwagen schimmert zwischen den Bäumen
hindurch.

Der Ast knickt vom Baum.

Rotorblätter durchfahren das Wolkenband.

Orte dämmern auf.

Ich enthalte mich,

in den Lichtanhäufungen in der Ferne.

Ich habe ausgelassen

Ich habe ausgelassen:

Mich auf das Rad zu schwingen, das in der Nähe der Böschung stand.

Auch die leere Bushaltestelle, und:

Verschränkungen von Wolken, Stauiges, Gestautes, Vereinzeltes im Blau.

Nur die Furchen dieser Landschaft ließ ich nicht aus,

ließ mein Schauen, ließ mich nicht aus.

Ich habe ausgelassen

Ich habe die folgenden Wörter ausgelassen: Mich, auf, das Rad, zu, schwingen, das, stand, auch, und, von Wolken, Stauiges, Gestautes, Vereinzeltes im Blau, nur, ließ, ich, nicht, aus, ließ, ließ, aus.

In der Nähe der Böschung:

Die leere Bushaltestelle.

Verschränkungen,

die Furchen dieser Landschaft,

mein Schauen (mich habe ich nicht ausgelassen).

Schneeschwaden

Schneeschwaden, talschräg gehend,

wo ansetzen mit dem Blick?

Gestockte Zeit,

der breite Antennenmast auf dem Hügel,

besser: auf dem Hügelschnitt,

was noch, was noch auf den Überlappungen des
Tages?

Ein Fahrrad, an einem Straßenschild,

eine an den Rändern aufgeraute
Baumansammlung,

gegeneinander anwehende Grashalme,

verschränkt in den Tag, verschränkt im Tag.

Schneeschwaden

Talschrägen, schneeverweht, geschwadet.
Blicke, ansetzend.
Zeit, stockend.
Baumansammlung, verschränkt im Blick,
vom Rand aufgeweht.
Dunst, geschnitten von den Hügeln,
an den Hügeln, gerändert.
Der Tag,
wie ein Fahrrad,
das an der Überlappung der Landschaft lehnt.

Was gilt

Was gilt:
Die Balkonverkleidung, gebauscht, durchwellt,
gestaucht, flirrende Schwere dieses Tages,
umwegt auch der einzelne Baum in zerpflügter Landschaft.
Ich verwarf die Senke, wagte mich auf,
flirrende Schwere dieses Tages.
Flugzeuglärm, Zerdröhnen der Luft.
Schließlich, nahe, gegenüber:
Das Aufblitzen eines soeben geöffneten Fensters in der Sonne,
wie es den Blick versetzte.

Was gilt

Was gilt:

Eine Balkonverkleidung ist die Verkleidung eines Balkons.

Die Tagesschwere ist die Schwere des Tages.

Der Einzelbaum ist ein vereinzelt stehender Baum.

Die Verwurfssenke ist eine verworfene Senke.

Das Tagesflimmern ist das Flimmern des Tages.

Der Flugzeuglärm ist der Lärm des Flugzeugs.

Gegenüber ist mein Platz.

Der Blickversatz ist der versetzte Blick.

Ich zeichne auf

Ich zeichne auf:

Die Narbe neben dem Bauchnabel, Längsschnitt.

Wie der Wind eine Decke (dunkelblau) an den
Rändern knickt (faltet? umwirft?).

In Gedanken: Das Da-und-Dort,

wo es etwas zu glätten gilt (wofür?).

Was ich nicht aufzeichnete:

Das Dämmern,

weil es nur mir gehörte.

Ich zeichne auf

Ich zeichne auf:

Wien, 1977:

Zweihundertvierundfünfzigtausenddreihundert-
neunundfünfzig Personen in der ambulanten
Chirurgie behandelt.

Die mittlere Windgeschwindigkeit bei
dreikommavier Metern pro Sekunde.

In Gedanken: Lyon, 1977, die Eröffnung der
Tour Part-Dieu.

Einhundertsechsundvierzigkommaneun Meter hoch,

zweiundvierzig Etagen, das zweiundvierzigste
Gedicht:

Ein andermal.

Die zwei Hochhäuser in der Ferne

Die zwei Hochhäuser in der Ferne:
Betonbauten, von hier aus, von mir aus gesehen,
zwischen Einfamilienhäuser gesetzt, gepasst:
Der Tag überwarf sich mit sich,
in den Ausläufern seiner Schatten.

Die zwei Hochhäuser in der Ferne

Das Vorbeirattern der Straßenbahn am Bau 15
(das Eckhochhaus),

von hier aus, von mir aus gesehen: nah-fern.

In Eile zum Bahnhof, Dämmermorgen:

Die Tour Part-Dieu,

von hier aus, von mir aus gesehen: nur ein Gedicht
entfernt.

Flausen

Flausen, wie gewohnt:

Wolken vertäuen, zwischen den Hügeln, genau dort drüben,

Mähdrescher, Pflüge anhalten, dann weiterschicken, da hin, in die Stirn dieser Landschaft,

Gestrüpp aufwallen lassen,

dabei schwirren, schwirren dabei?

Flausen

Flausen, wie gewohnt:

Nur ein Wort entfernt von entfernt.

Wolken, wie gewohnt:

Nur drei vier Wörter entfernt von entfernt.

Dabei, wie gewohnt (nur ein Wort entfernt von entfernt).

Das Schallen (oder Nachhallen?) von Schritten auf der Fußgängerbrücke

Das Schallen (oder Nachhallen?) von Schritten
auf der Fußgängerbrücke.

Der schneidende Warnton eines
rückwärtsfahrenden LKW.

Das Wippen des Schuhs einer Frau,

die auf einem Klappstuhl (mitten in der
Landschaft) Platz genommen hat.

Auch das geht auf in einem Tag.

Das Schallen (oder Nachhallen?) von Schritten auf der Fußgängerbrücke

Nach das das Schallen.

Nach Schallen oder.

Nach Nachhallen von Schritten.

Nach von Schritten auf der Fußgängerbrücke.

Nach der Fußgängerbrücke nichts.

Ein andermal

Ein andermal:
Geht der Tag mich an,
dräut das Getorkel der Landschaft auf.
Ein andermal versickert die Unbill.
Dann steige ich vom Fahrrad ab,
halte Wort, indem ich beim Wort bleibe,
das zu diesem Tag gehört.

Ein andermal

Ein andermal:

Habe ich aufgezeichnet:

Wien, 1977:

Zweihundertvierundfünfzigtausenddreihundert-
neunundfünfzig Personen in der ambulanten
Chirurgie behandelt.

Die mittlere Windgeschwindigkeit bei
dreikommavier Metern pro Sekunde.

In Gedanken: Lyon, 1977, die Eröffnung der
Tour Part-Dieu.

Einhundertsechsundvierzigkommaneun Meter hoch
(über diesem Gedicht, über dieses Gedicht).

Bestimmungen der Ebene

Bestimmungen der Ebene:
Vermischte Ausläufer,
an einer Häuserwand enggestapeltes Holz,
an einem Ast: eine dicke Jacke,
auf den Hügeln: Windräder, schreitend,
Reifen (als Wegmarken), auf den Feldern,
unbestimmt nur mein Schauen: fernreichend, ferngereicht.

Bestimmungen der Ebene

Der bestimmt die Ebene.
Vermischte bestimmen die Ausläufer.
Einer bestimmt die Häuserwand.
Eine bestimmt die Jacke.
Den bestimmen die Hügel.
Den bestimmen die Felder.
Ich bin unbestimmt.

Wolkenaufschübe

Wolkenaufschübe, blass, gestreut,
den Fußgänger, der sich umblickt,
Radfahrer an einer roten Ampel,
die Papierstreifen (zerrissene Notizen),
auch sie beließ ich, ließ ich sein, an ihrem Ort.

Wolkenaufschübe

Blasse, gestreute Wolkenaufschübe.
Der sich umblickende Fußgänger.
Die an einer roten Ampel stehenden Radfahrer.
Die Papierstreifen.
Mich schiebe ich an meinen Ort.

Das Schimmern der Felder

Das Schimmern der Felder:

Es enthielt sich mir vor.

Und was war mit dem Leuchten der Blätter
(träg-träges Auf und Ab),

und dem Scheuern eines Motorollers,

der über den schmalen Weg ruderte?

Das Schimmern der Felder

Enthalten:

Schimmern, Felder,

Leuchten, Blätter, Scheuern,

Motoroller, Weg

Vorenthalten: Mein Schauen, ich.

Was es zu verzeichnen gab

Was es zu verzeichnen gab?
Den Dunst über den Schneisen,
die in der Landschaft hingen, lau.
Rinnsale an Feldrändern.
Laub auf Radwegen,
auch das Knistern, in das die Blätter gerieten,
als der Wind auffrischte,
gab es.

Was es zu verzeichnen gab

Es gab:

Fünf Verben.

Acht Zeilen.

Zehn Nomen.

Ein Fragezeichen.

Sechs Kommas.

Rinnsale und Radwege.

Und sonst noch ein paar Wörter.

Dieser Tag (vom Wind versehrt)

Dieser Tag (vom Wind versehrt).
Stoppeliges Gewölk, durchzogen vom dürftigen Blau.
Ich versuche mich in dieser Landschaft.
Ich versuche mich mit dieser Landschaft.
Bleib' aber unversehrt vom Wind, weil's hält,
das Schauen.

Dieser Tag (vom Wind versehrt)

Dieser Tag (vom Wind versehrt)
Dieser Tag (von stoppeligem Gewölk durchzogen)
Ich (Versuch dieser Landschaft)
Ich (Versuch über diese Landschaft)
Ich (unversehrt vom Wind)
Ich (mein Schauen).

Ich gebe Auskunft

Ich gebe Auskunft:

Über die Wolkenverrenkungen in dieser Landschaft,

über krauses Geblatt am Wegrand,

geschichtet.

Schwere, die flirrt.

Ich gebe Auskunft

Ich gab Auskunft.
Ich habe Auskunft gegeben.
Ich hatte Auskunft gegeben.
Ich werde Auskunft geben.
Ich werde Auskunft gegeben haben.

Flauen des Windes

Flauen des Windes, Anheißungen der Wolken,
ich begab mich in diese Landschaft,
ohne Schritt zu halten, mit dem,
was war.

Flauen des Windes

Der Wind flaut, die Wolken heißen an,
Der Wind begibt sich in diese Landschaft,
die Wolken halten Schritt,
ich bin, was ich war.

Was sich einstellte

Was sich einstellte:
Aufgestaubte Felder, knittrige Zweige,
schartig die Böschung.
Ich wogte,
mit den Grashalmen,
den Blättern in den Senken,
weit her, war es mit mir.

Was sich einstellte

Auf Felder geschaut,
Zweige, knittrig, gesehen.
Eine Böschung entlanggelaufen, schartig.
Gewogt,
am Tag eingestellt:
die Grashalme, die Blätter in den Senken,
weit her.

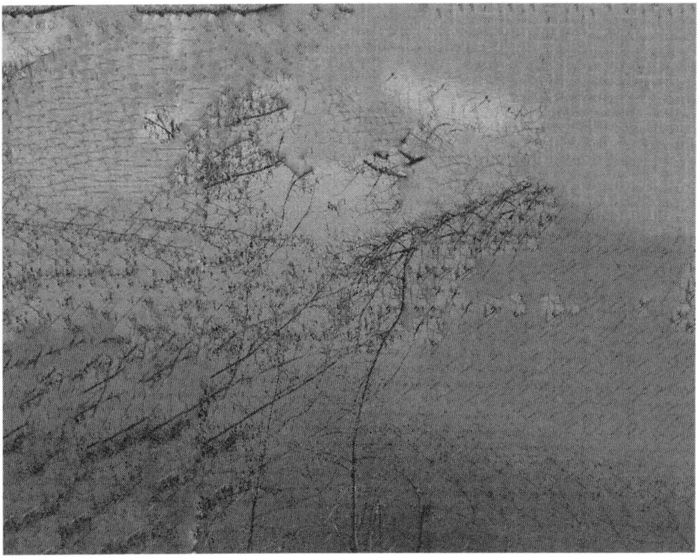

Ich verblieb mit

Ich verblieb mit:
Dem Flecken Wald (Baumgruppe auf bewiester Fläche),
den Rinnen, die die Landstraße in die Ebene zog,
dem Bretterhaufen (dahingeworfen in die Ferne),
mit mir verblieb ich wie gewohnt.

Ich verblieb mit

Ich verblieb mit:
Dreiundvierzig Buchstaben.
Achtunddreißig Buchstaben.
Neununddreißig Buchstaben.
Siebenundzwanzig Buchstaben.

Wie benennen?

Wie benennen?

Die ineinanderreichenden Wolkenreihen –
Drängung?

Das Ruckeln eines Busses über die Landstraße –
Erhebung?

Der abgeknickte, geborstene Zaun – Verdrehung?

Mich benannte ich, mit Hilfe des Winds,

der mir (mich formend, formend mich) um die
Schläfen ging.

Wie benennen?

Wie benennen?
Nach den Wolkenreihen: Drängung.
Nach der Landstraße: Erhebung.
Nach dem Zaun: Verdrehung.
Nach mir: Benennen.
Nach mir: Gehen.

Weitab

Weitab,

weitab von der stoppeligen Mauer (Wind?
sonstige Abwege? Sonstiges?),

und dem Hügel, auf dem eine Werbetafel steht
(in der Ferne).

Weitab auch,

weitab von der Wimpelkette (an einem
Autoverkauf angebracht),

mein Schauen,

bin ich (wo sonst?).

Weitab

Am weitesten ab von weitab: Weitab
Am weitesten ab von weitab: Sonstiges
Am weitesten ab von weitab: Ferne
Am weitesten ab von weitab: auch.
Am weitesten ab von weitab: angebracht.
Am weitesten ab von weitab: Schauen.
Am nächsten zu weitab: Weitab.

Ruckendes Anfahren eines Busses

Ruckendes Anfahren eines Busses.

Beinah leere Straßen.

Laufen über langgezogene Schatten (Bäume und Laternen).

Absperrzäune, an denen Plastiktüten flattern.

Parkplätze, auf denen vereinzelt ein Auto steht.

Blinkschilder an Tankstellen,

auf denen nacheinander die Buchstaben aufleuchten,

verglimmen – und dann wieder von vorne.

Aufblinken, gleich diesem Tag,
diesem Tag gleich.

Ruckendes Anfahren eines Busses

Ich bin Busgefahren:

Nach Paris (Ankunft zwischen Baumschatten, übergangen von einem Hupen).

Nach Nysa (die lange Allee vom Busbahnhof in die Stadt, schimmrig-verregnetes Gehen).

Nach Sheffield (das Foto vom Bus, von gelben Lichtstreifen durchschnitten).

Nach Pilsley (hügeliges Aufgehen des Blicks, zerworfene Wolken am Himmel).

Nach Aberystwyth (das auf der Stadt aufsitzende Meer, die Hausdächer sonnendunstig, umflirrt).

Nach London (aufdämmernder Morgen, Wolkenstreifen, Überlandblick).

Nach Wrocław (an der Ecke das Bürohaus, Licht in den Betonschwingen).

Nach Wörtern (mit mir unterwegs).

Zu dieser Landschaft gehörten

Zu dieser Landschaft gehörten:

Aufgeraute Bäume, die kein Wind durchwegte,

(auch die Wolken, unbelassen, täuig, versetzt,
geschrägt, von vorhin, als Böen gingen)

Die Plane, über einem Schutthaufen,

der große Reifen als Beschwernis, am Rand,

nur das Fahrrad ohne Vorderreifen, verknickter
Rahmen, an einem Baum, passte mir nicht.

Zu dieser Landschaft gehörten

Fünf Wörter in der ersten Zeile.
Sechs Wörter in der zweiten Zeile.
Zwölf Wörter in der dritten Zeile.
Fünf Wörter in der vierten Zeile.
Sieben Wörter in der fünften Zeile.
Dreizehn Wörter in der sechsten Zeile.